RÉPLIQUE

A UN ADJOINT AU MAIRE DE ROUEN,

PAR UN ADMINISTRÉ.

Au sujet du Traité conclu avec une Compagnie
anglaise, pour la Distribution d'eau
de la Ville

RÉPLIQUE

A UN ADJOINT AU MAIRE DE ROUEN,

PAR UN ADMINISTRÉ,

Au sujet du Traité conclu avec une Compagnie anglaise, pour la Distribution d'eau de la Ville.

Une enquête d'utilité publique, sur le projet de distribution d'eau dans la ville de Rouen, a été ouverte à la Préfecture, du 11 au 31 mars dernier. — Usant du droit qu'a tout citoyen de consigner dans un cahier spécial joint aux pièces de l'enquête son opinion touchant l'affaire qui est à l'examen, j'ai mis quelques notes sur ce cahier. Mes observations manuscrites n'étaient adressées qu'aux membres de la Commission d'enquête. A eux appartenait de les prendre en considération ou de les rejeter.

Aussi, je ne m'attendais guère à voir un Adjoint au Maire, M. Gueroult, intervenir et, dans un imprimé (1), une manière de pamphlet, répondre,

(1) *Observations générales sur les déclarations faites à l'enquête d'utilité publique, ordonnée par l'arrêté de M. le Sénateur-Préfet, du 8 mars 1865.* — Rouen, imp. Surville, avril 1865.

d'une façon que nous allons apprécier, aux objections que j'ai avancées.

Cet imprimé, il est vrai, ne m'a pas été adressé par son auteur. Ce n'est qu'indirectement et par hasard que je connais aujourd'hui les fantaisies auxquelles M. l'Adjoint s'est livré sur mon compte. Cependant, il me semble, la courtoisie, la simple loyauté indiquaient une autre conduite. — Néanmoins, je me garderai d'user de représailles : c'est M. Gueroult qui, le premier, recevra ma réplique.

I.

Voici comment, à mon sujet, débute M. l'Adjoint :
« M. Cartier, Rouennais, désintéressé directe-
« ment, au moins en apparence, dans les questions
« qui s'agitent à l'enquête, y apporte par patrio-
« tisme le produit de ses méditations. »

Tout d'abord, ce ton de moquerie révèle un fonctionnaire public ayant peu de souci des convenances.

A quoi bon ces mots : *désintéressé directement, au moins en apparence?* Est-ce que mes objections doivent avoir plus ou moins de valeur suivant l'intérêt personnel que j'aurai à les produire? Si elles sont bonnes, seront-elles rejetées pour cette raison que je tirerais profit de leur admission? Etrange manière de voir! — Et puis : *au moins en apparence*, est-ce une insinuation ? A quoi se rapporte-t-elle ? Il me plairait d'en être instruit.

La vérité est que j'ai un intérêt direct et assez apparent dans la question. — J'y ai l'intérêt d'un contribuable qui entend se rendre compte de la manière dont sont dépensés les deniers qu'il débourse pour être administré.

Mais passons à l'exposition des observations que j'ai consignées à l'enquête et développons-les un peu, afin de répondre aux critiques de M. Gueroult.

II.

Dès le premier jour de l'enquête, j'ai exprimé mon étonnement de voir, parmi les documents mis sous les yeux du public, bon nombre de dessins dont les légendes étaient écrites en anglais et aussi des mémoires dans lesquels il était fait usage de mesures anglaises : de *gallons*, de *yards*, etc. — Je me demandais si j'étais bien en France et si c'était bien pour Rouen que devait être faite la distribution d'eau. — Comment les Conseillers municipaux ont-ils fait pour examiner ces pièces? car, si instruits qu'ils soient, je n'imagine pas que tous parlent anglais.

Avoir passé le marché de la distribution d'eau

avec une Compagnie anglaise n'était pas une raison suffisante pour justifier l'abandon de la langue et des mesures françaises.

Disons-le donc : la Commission municipale a manqué de dignité en tolérant que des documents ainsi rédigés lui fussent soumis, et, en mettant de telles pièces à l'enquête, elle a manqué d'égards pour le public.

III.

Un article du Traité dit que les tuyaux de branchement seront en plomb ou en quelqu'autre matière agréée par l'Administration.

Voyant que l'auteur du Traité, M. Gueroult, ignorait combien l'emploi du plomb, à cause de ses propriétés vénéneuses, est dangereux dans des conduites où doit séjourner l'eau destinée à l'alimentation, je me suis empressé de lui signaler le danger.

Aujourd'hui, j'ajoute qu'une circulaire ministérielle en date du 28 septembre 1853 prohibe les tuyaux de plomb, de cuivre ou de zinc pour le transvasement des boissons.

IV.

Dans le Traité fait avec les Anglais, il leur a été concédé le droit exclusif de poser des tuyaux non-seulement dans les rues, mais encore *dans l'intérieur des maisons*. Ainsi, du même coup, on ôte à beaucoup d'industriels de notre ville l'occasion de nombreux travaux et on ôte aussi aux Rouennais qui voudront de l'eau le droit de ne prendre, pour travailler chez eux, que des ouvriers qui leur conviennent. Il ne manque plus que d'imposer à ces habitants l'obligation de parler anglais.

Réponse de M. Gueroult :

« M. Cartier dit que le monopole des installations
« à domicile et non d'entretien, accordé aux Con-
« cessionnaires, porte atteinte à la liberté indivi-
« duelle des habitants; nous lui répondrons que si
« ce monopole peut être regrettable pour son in-
« dustrie personnelle, *à lui*, et celle de plusieurs
« autres opposants, l'Administration a cru devoir
« le maintenir pour obtenir des Concessionnaires
« des installations à meilleur marché, suivant des
« prix fixés par elle, et au moyen de devis que
« chaque habitant pourra soumettre gratuitement,
« dans leur application, à la vérification de l'archi-
« tecte municipal. — N'est-ce pas là un avantage
« pour le public? »

Ailleurs, M. Gueroult traite de *prétendus* les bénéfices que j'évalue devoir être retirés, par les Concessionnaires, sur les installations à domicile.

D'abord, si peu important que ce soit, il faut le dire, je ne suis pas poseur de tuyaux. Le monopole que je critique n'est donc pas regrettable pour mon industrie personnelle, *à moi*.

Mais il n'en est pas moins certain que cette mesure est extrêmement fâcheuse pour l'industrie d'un certain nombre d'habitants de la Ville.

Puis, est-ce que M. l'Adjoint aurait la prétention de nous faire accroire qu'il a imposé une servitude à ses Anglais, en leur octroyant le privilége des installations à domicile? — En vérité, c'est là une joyeuseté qui passe la tolérance!

Ce privilége, cela saute aux yeux, n'est qu'un moyen *indirect* d'augmenter la subvention annuelle de la Compagnie concessionnaire.

Pour les installations à domicile, si on voulait le bon marché, il n'y avait qu'à laisser les Concessionnaires en concurrence avec les industriels rouennais. — C'était bien simple.

Mais ce qui est plus grave, ce que j'appelle une *atteinte à la liberté individuelle*, c'est l'interdiction, résultant de ce monopole, pour tous les Rouennais qui voudront de l'eau, d'employer pour la pose des appareils *dans l'intérieur de leurs maisons* d'autres ouvriers que ceux de la Compagnie anglaise. — Il y a là une question de principe de la plus grande importance.

Si aujourd'hui on tolère ce privilége exorbitant pour la distribution d'eau, demain il pourra être infligé pour la pose des tuyaux et appareils à gaz, puis pour l'établissement des gouttières, puis....

Où s'arrêterait-on une fois engagé dans cette voie?

Réglementez les travaux des voies publiques; — mais ne franchissez pas le seuil de nos demeures. Chacun veut et doit être libre chez soi.

V.

Comme on vient de le voir et comme encore on le verra plus loin, tous mes griefs s'appliquent au marché passé avec les Concessionnaires et non au projet de distribution d'eau qui est adopté. Pourquoi alors, dans un paragraphe de son factum, à propos de ce marché très désavantageux pour la ville, M. Gueroult me *renvoie-t-il* aux auteurs d'autres projets? Il y a là une confusion qui peut être commode à M. l'Adjoint pour exercer son esprit, mais qu'il n'est pas équitable de maintenir. — Le projet de distribution d'eau et le marché passé pour l'exécution de ce projet sont deux choses bien distinctes. Le marché, je le désapprouve. Tandis que, sur le projet en lui-même, j'ai le bonheur d'être du même avis que M. Gueroult, avec cette seule différence cependant qu'au lieu de l'appeler le projet de la Municipalité, je l'appelle, afin de rester dans le vrai, le projet de M. Grimaux.

La supériorité de ce projet me paraît tellement évidente tant sous le rapport de la proximité que de l'altitude et de la qualité de l'eau, que je ne puis parvenir à m'expliquer pourquoi il a fallu cinq ans de *méditations* à la Commission municipale chargée d'examiner la proposition pour arriver à l'adopter.

VI.

Encore un point du marché, peu important il est vrai, mais curieux à examiner : c'est cette condition que la fonte française, *à prix égal*, devra être préférée à la fonte anglaise pour tous les travaux.— On se drape derrière cette clause et on s'écrie : Vous le voyez, nous protégeons l'industrie nationale !

Mais tous les commerçants, — et à Rouen ils sont nombreux, — tous les commerçants qui liront cette clause ne manqueront pas de sourire de son inanité.

Savez-vous de quels éléments divers et chaque jour variables se compose le prix de revient d'une marchandise venant de l'étranger? Quel sera votre contrôle pour vérifier ce prix de revient? — C'est presqu'amusant !

VII.

A la Mairie de Rouen, quand on a besoin de chandelle, de bois ou de quelqu'autre objet de peu d'importance, on convoque tout le ban et l'arrière-ban des fournisseurs. Affiches, annonces dans les journaux, avertissent qu'il va être procédé à une adjudication publique. — On a raison.

Mais s'agit-il d'un travail important, de plusieurs millions à dépenser, d'un marché qui engage l'avenir financier de la Ville, on procède tout autrement. Il n'y a plus d'adjudication publique, il n'y a pas même de publicité, et l'affaire se traite presque toujours, on ne sait pourquoi, avec des personnes étrangères à la Ville. Le Maire signe le marché, puis en donne communication au Conseil municipal, qui ne manque pas d'approuver et de ratifier la signature du Maire. — Voilà qui est très regrettable.

Si l'exécution du projet de distribution d'eau avait été mise en adjudication publique, beaucoup de Rouennais, comme moi, ne trouveraient pas mauvais qu'elle fût adjugée à des Anglais. On ne penserait pas alors à vérifier si les conditions obtenues sont bonnes, car il serait hors de doute qu'elles sont les meilleures possible.

C'est ce défaut de concours public qui a attiré l'attention et conduit à l'examen du marché.

VIII.

Entendons-nous sur la quantité d'eau qui sera nécessaire pour les services municipaux, c'est-à-dire pour les 80 fontaines ordinaires projetées, le lavage des ruisseaux et égouts, l'arrosage des rues, les effets d'eau pour urinoirs, les lavoirs publics, les fontaines monumentales, les établissements municipaux.

Quand il s'agit de prouver que ces services seront suffisamment pourvus, M. Gueroult leur destine 8,000 mètres cubes d'eau par 24 heures (1); mais il ne parle plus que de 6,000 mètres cubes quand le but est d'établir que la Ville fera peu de dépenses pour ces services (2). Il est important de sortir de cette indétermination, car la différence de 2,000 mètres cubes représente une différence de 50,000 francs par an.

D'après M. Darcy *(Etude de la distribution d'eau dans les villes)*, les services municipaux d'une ville de 103,000 habitants exigent une quantité d'eau supérieure à 8,000 mètres cubes par 24 heures. Il

---

(1) Voir l'*Exposé fait à la Commission du Conseil municipal*, par M. Gueroult, page 58.

(2) Voir ses *Observations*, etc.

est vrai que la Commission instituée par M. le Maire de Rouen pour l'étude du projet a annoncé (p. 48 de son rapport) que, pour doter ces services proportionnellement à ce que va faire la ville de Paris, il faut leur réserver 7,333 mètres cubes par 24 heures. Mais cette cette Commission s'est trompée. C'est plus de 12,000 mètres cubes qu'il nous faudrait pour rester dans la même proportion. En effet, un tableau inséré dans cette brochure, à la page 46, indique qu'à Paris il sera fourni un volume d'eau total de 215 litres par habitant et par jour. Or, le rapport, de 11 à 9, admis, page 48 du même imprimé, comme devant exister entre les besoins publics et les services privés, nous conduit à déterminer que le service public emploiera à Paris 118 litres par personne et par jour; — ce qui, pour 103,000 habitants, ferait un total de 12,154 m. cub. par 24 heures. — D'ailleurs M. Gueroult lui-même, dans cette brochure antérieure au Traité, page 29, indique le chiffre de 11,000 mètres cubes par 24 heures comme convenable pour nos services publics (1).

---

(1) Voici le texte : « La Ville aura, chaque jour, environ 11,000 mètres
« cubes d'eau à sa disposition. — Après avoir prélevé tout ce qui sera néces-
« saire aux besoins publics de l'édilité et à l'alimentation d'un nombre suffi-
« sant de fontaines; après avoir assuré les services des établissements muni-
« cipaux, il restera, au moins, 3,000 mètres cubes, par 24 heures, à livrer
« à la population. »
Si on retranche 3,000 de 14,000, il reste bien 11,000.

Aussi la quantité de 8,000 mètres cubes prévue dans le Traité, pour ces services, est loin d'être exagérée et elle devra être employée en totalité. C'est donc sur cette quantité que nous compterons. Ce n'est pas sur la question de propreté et de salubrité que nous voulons faire des économies.

Du reste, outre ces 8,000 mètres cubes, l'auteur du Traité nous a encore réservé 400 mètres cubes par 24 heures qui seront fournis à la Ville (V. *Acte additionnel*), si elle les demande, à raison de 30 fr. par an pour chaque mètre cube pris en 24 heures. — Ce supplément ne figurera pas dans nos calculs.

IX.

D'après le Traité, art 2, § 2, une double canalisation en fonte devra amener les eaux de Fontaine-sous-Préaux à Rouen, et sera établie en deux fois et en deux parties. La première partie sera posée immédiatement ; la deuxième le sera *quand les besoins l'exigeront*.

Eh bien, nous avançons que le deuxième canal d'adduction ne sera établi qu'aux calendes grecques, — par la simple raison que la première conduite suffira pour amener à Rouen les 12,000 mètres cubes d'eau par 24 heures qu'on se propose de prélever sur les sources de Robec. Il faut le prouver.

Sans doute si la totalité de l'eau à dériver devait

être amenée à Rouen à la cote 62 (c'est-à-dire à 62 mètres au-dessus du niveau de la mer), deux tuyaux ayant chacun 0m, 45 de diamètre seraient nécessaires. Mais il en est autrement.

La distribution d'eau en ville est divisée en trois zones, savoir :

1º La zone supérieure alimentée par le réservoir de la rue Jouvenet, à la cote 62, et qui comprend un huitième de la cité;

2º La zone moyenne fournie par le réservoir du Boulingrin, à la cote 40, et qui comprend deux huitièmes de la Ville.

Enfin, 3º la zone inférieure desservie par les réservoirs du faubourg Saint-Hilaire et du Jardin-des-Plantes, à la cote maximum 27, et qui comprend les cinq autres huitièmes de la Ville.

Maintenant la quantité d'eau à distribuer se compose d'abord de 2,000 mètres cubes provenant des sources *Saint-Jacques*, *Saint-Filleul*, *Gaalor*, *Notre-Dame* et *Saint-Nicaise*, dont la Ville a fait cadeau (art. 22 du Traité), pour quatre-vingt-dix-neuf ans, aux Concessionnaires, puis de 12,000 mètres cubes provenant des sources de *Robec*. Le total étant de 14,000 mètres cubes par 24 heures, il en faudra :

Pour la 1re zone, 1/8e ou 1,750 mètres cubes venant de Robec ;
Pour la 2e zone, 2/8es ou 3,500 mètres cubes venant de Robec ;
Pour la 3e zone, 5/8es ou 8,750 m. c. venant { 6,750 m. c. de Rob. 2,000 m. c des autres sources.

Or, les eaux émergeant aux sources de Robec à la cote 67, la conduite ayant 0^m,45 de diamètre et 8,500 mètres de longueur, on trouve approximativement que les 12,000 mètres cubes prélevés sur ces sources seront amenés à Rouen, savoir :

Les 1,750 m. c., à la cote 62, à raison de 64 l. par seconde, en 7hres 1/4.
Les 3,500 — 40, — 155 — 6 1/2.
Les 6,750 — 27, — 191 — 10 »

soit 12,000 mètres cubes, amenés en. . . . . 23hres 3/4.

Donc un seul tuyau de 0^m, 45 de diamètre suffira.

Pourquoi alors prévoir la pose d'une deuxième conduite ? Demandez-le à M. l'Adjoint.

X.

ART. 6. du Traité, § 1er. — « La Ville déclare prendre à ses
« risques et périls et à sa charge, sans aucuns recours contre les
« Concessionnaires : 1° les indemnités à accorder, s'il y a lieu,
« aux usiniers, pour la privation d'une force motrice quelconque;
« et 2° en général, les réclamations de toute nature qui pour-
« ront être élevées contre les Concessionnaires par tous proprié-
« taires, usiniers, riverains, locataires et autres, à quelque titre
« que ce soit, au sujet et par suite du prélèvement à faire sur les
« sources de Robec; le tout de manière à ce que les Concession-
« naires soient entièrement indemnisés à cet égard. »

§ 2. — « Quant au capital destiné aux acquisitions des sources,
« terrains, etc., la Ville sera tenue, à ses risques et périls et A
« FORFAIT, de faire face à toutes les dépenses ainsi prévues, à quel-
« que somme qu'elles puissent s'élever. »

Ainsi, pour les Concessionnaires, point de tracas, point de discussions, point de procès. La Ville s'en charge. Ils pourront avec une complète quiétude exercer à Rouen leur industrie pendant quatre-vingt-dix-neuf ans.

Pour eux, rien d'aléatoire, rien d'indéterminé ; ils savent, à un *shilling* près, ce qu'ils vont dépenser. — Aussi doit-on s'attendre à des conditions merveilleuses de bon marché. C'est ce que nous allons examiner.

XI.

Malgré l'aridité du sujet, que le lecteur rouennais prête ici un peu d'attention. Il est important pour lui de pouvoir apprécier comment ses affaires municipales sont gérées.

J'ai avancé à l'enquête que la Ville, par son Traité, paie aux Concessionnaires, *rien que pour le service municipal,* un revenu annuel de SIX POUR CENT du montant total de leurs dépenses.

Si nous avions le devis du projet définitif, ce serait vite démontré. Mais MM. les Anglais n'ont pas jugé à propos de le communiquer (1) à la Commission municipale ; ils s'y sont même refusés.... —

(1) Voir pages 53 et 54 de l'*Exposé fait à la Commission du Conse municipal,* par M. Gueroult.

Nous avons le doigt sur la plaie. — Pour déterminer ce prix de revient, nous nous servirons du devis du dernier avant-projet, qui a été dressé, au nom de la Ville, par M. Cazavan.

Cet ingénieur estimait à 3,000,000 de francs, *au maximum* (1), tous les frais d'établissement de la distribution d'eau. — Le projet des Concessionnaires ayant écarté le plus de dépense possible, il nous faut, pour obtenir notre résultat, déduire des 3,000,000 de francs les frais dont ils se sont déchargés. Les voici :

1° Indemnités aux riverains de Robec....	400,000 fr.
2° Remplacement de l'aqueduc maçonné par une conduite en fonte, pour amener l'eau de Fontaine-sous-Préaux à Rouen (2)	80,000
3° Expropriation pour passage d'aqueduc, puisque la conduite en fonte sera posée sous la voie publique................	127,000
A *reporter*....	607,000 fr.

---

(1) Voir : *Délibération du Conseil municipal*, du 27 janvier 1865; page 5.

(2) L'aqueduc maçonné avec ses syphons en fonte et accessoires devait coûter............................ 460,000 fr.
La conduite en fonte qui le remplacera peut être fournie et posée à raison de 40 fr. le mètre (à Rouen même on s'en chargerait à ces conditions), soit pour 8,500 mètres. 310,000 fr.
Ajoutons pour réservoirs à Fontaine-sous-Préaux, non prévus par M. Cazavan..... 40,000
                                                                                    380,000 fr. 380,000
                                                           Différence..... 80,000 fr.

	Report	607,000 fr.
4° Au lieu de 3,320 mètres de galeries, ou aqueducs à créer en ville, estimés à. on n'en fera que 1,200 mètres pour (Art. 3 du Traité). Différence. . .	350,000 fr. 120,000 230,000 fr.	230,000
5° Abandon des droits d'Octroi sur 2,500,000 kilos de tuyaux en fonte, à 2 fr. les 100 kilos.. . . . . Sur fontainerie, robinetterie, maçonnerie et matériaux de toute nature (Art. 11 du Traité). . . . Total	50,000 fr. 20,000 70,000 fr.	70,000
6° Les tuyaux de distribution dans les rues, qui ont été estimés à 24 fr. les 100 kilos, peuvent être actuellement obtenus à 20 fr., octroi compris; différence 4 fr. par 100 kilos, sur 2,500,000 kilos.		100,000
7° Fontaines monumentales prévues par M. Cazavan. (Art. 4 du Traité).		100,000
8° L'imprévu, qui figure dans le projet de M. Cazavan pour 130,000 fr., doit être réduit proportionnellement à la diminution de dépense, soit de.		43,000
	Total	1,150,000
On peut en déduire pour augmentation du développement de la canalisation en ville (1).. .		30,000
	Reste.	1,120,000 fr.
Retranchant cette dernière somme de. . . .		3,000,000
nous avons..		1,880,000

pour le prix de revient *maximum* du projet des Concessionnaires.

(1) M. Cazavan ne projetait que 49,000 mètres courants de canalisation en fonte dans la ville; le projet définitif en détermine 52,059 mètres. Mais il ne faut pas perdre de vue que cette augmentation de développement est à peu près compensée par la *diminution* du diamètre d'une grande partie des tuyaux que promet la Compagnie.

Voyons maintenant, pour cette dépense de 1,880,000 fr., ce que la Compagnie Concessionnaire va recevoir annuellement :

1° Pour fourniture à la Ville de 6,000 mètres cubes d'eau par 24 heures, on leur paiera pendant cinquante ans. . . . .   75,000 fr.

2° Pour fourniture à la Ville de 2,000 mètres cubes, devant former le complément des 8,000 mètres cubes d'eau par 24 heures qui sont nécessaires pour nos services publics, on versera.   50,000

Soit déjà. . . . .   125,000 fr.

Ainsi, la Compagnie anglaise, AVANT D'AVOIR UN SEUL ABONNÉ AUTRE QUE NOTRE MUNICIPALITÉ, touchera par an, pendant cinquante ans, *plus* de SIX ET DEMI POUR CENT de ses débours. . . . . .

. . . .
. . . .

Voulez-vous savoir quels seront ses autres bénéfices? — C'est M. Gueroult qui vous le dira, page 32 de son Exposé fait au Conseil municipal le 23 mars 1860. D'après lui, d'ici à dix ans, la Compagnie aurait, *en outre,* un revenu brut de 300,000 francs.

Ce n'est pas tout. M. l'Adjoint n'a pas voulu déranger des Anglais pour si peu. Il leur a encore concédé le monopole de la pose des branchements et le privilége exorbitant de l'installation des tuyaux et appareils *dans l'intérieur de nos maisons.*

RÉSULTAT.

D'après ce qui précède, on voit que le produit brut dans cette affaire sera, pour les Concessionnaires, d'environ 425,000 francs par an. Déduisant de cette somme 125,000 francs (chiffre exagéré) pour les frais d'exploitation et d'entretien, il reste 300,000 francs pour leur bénéfice net annuel.

Calculez maintenant, quel capital au taux d'intérêt de cinq pour cent déterminé par la Ville pour le rachat de la concession, calculez quel capital est représenté par ce revenu de 300,000 francs; puis, de ce capital, déduisez le nombre rond de 2,000,000 de francs, pour le prix de revient du projet des Concessionnaires; le reste, QUATRE MILLIONS représente la perte que nous subirons lors du rachat, s'il a lieu.

Dès à présent, on peut voir que la Ville n'aurait au moins pas dû payer la redevance annuelle de 125,000 francs pour l'eau dont elle a besoin, et on peut en déduire qu'en signant ce malheureux Traité avec la Compagnie anglaise, M. Gueroult fait perdre aujourd'hui à la ville de Rouen plus de DEUX MILLIONS.

Émile CARTIER.

Rouen, mai 1865.

www.ingramcontent.com/pod-product-compliance
Lightning Source LLC
Chambersburg PA
CBHW060451050426
42451CB00014B/3268